nickelodeon

SpongeBob

IL MIO LIBRO STICKERS

PERLA AL LAVORO!

CREALIBRI

THE KRUSTY KRAB

Al Krusty Krab, Mister Krabs convoca una riunione nel suo ufficio: «Attenzione, attenzione! A tutta la ciurma del Krusty Krab! Levate le ancore e presentatevi nel mio ufficio! Ho un annuncio importante da farvi!».

Squiddy e SpongeBob arrivano di corsa. SpongeBob ha la segreta speranza che l'annuncio abbia a che vedere con le nuove spatole per i Krabby Patty, ma non si tratta di quello... «Conoscete mia figlia Perla, vero?» comincia Mister Krabs. «Sta crescendo in fretta! Quest'estate lavorerà insieme a noi durante le vacanze... Lei ha un sacco di idee fantastiche che attireranno nuovi clienti nel mio locale!»

Non fa in tempo a finire di parlare che arriva Perla. Mister Krabs va a salutarla: «Cara figliola, non sai quanto mi rende felice averti nell'azienda di famiglia!».
A Squiddy, però, non piace l'idea di prendere ordini da un'adolescente, e così lui e SpongeBob decidono di metterle i bastoni tra le ruote per proteggere i loro posti di lavoro, ma...

Ma SpongeBob proprio non ce la fa, e subito si innamora della nuova sgargiante divisa rosa confezionata da Perla. SpongeBob e Perla si mettono a confabulare sui cambiamenti da fare al locale per rinnovarlo e attirare nuovi clienti, e alla fine decidono di trasformare il Krusty Krab nel "Kuddly Krab".

il "Granchio coccoloso", e di farne un luogo di ritrovo per giovanissimi!
Il Kuddly Krab ha subito un grande successo e il locale si riempie di giovani alla moda. Squiddy però, che non sopporta i cambiamenti, decide di andarsene...

SpongeBob, allora, dà una mano a prendere le ordinazioni. "Due... insalatone? Mai sentite prima... devo proprio aggiornarmi!" pensa.
Allora va in cucina e prepara due succulenti Krabby Patty, ma quando li mostra a Perla, lei gli dice di togliere il pane, l'hamburger e la senape, lasciando solo pomodori e lattuga...
Al ritorno in cucina, SpongeBob è sconvolto nel vedere che la

griglia per i Krabby Patty è sparita!
«Avanti SpongeBob, dovresti saperlo ormai... Gli hamburger sono fuori moda... finiti!» esclama Perla. «Guarda, questo è il nuovo menu che ho preparato!»
«Insalata e tè?!» chiede SpongeBob turbato. «Ma non ci sono i Krabby Patty!»
«Oh, non preoccuparti SpongeBob! Ho qualcosa di molto più

divertente da farti fare!» risponde Perla e lo manda fuori in strada travestito da granchio gigante per richiamare nuovi clienti. "Questo è troppo anche per me" pensa SpongeBob. "Io sono un cuoco, possono portarmi via la mia spatola, ma se mi rubano anche la dignità, allora sì che mi arrabbio! Andrò dritto nell'ufficio di Mister Krabs e gli dirò in faccia che ne ho abbastanza di tutto questo!"

SpongeBob raccoglie tutto il suo coraggio e affronta il capo: «Mister Krabs, Perla sta rovinando il Krusty Krab!»
Mister Krabs va su tutte le furie: «Che cosa? La mia Perla sta salvando il Krusty Krab! Che cosa faremmo senza questo... splendido quadro con cavalluccio marino da 20 dollari? Come sopravvivere senza questi... cuoricini luminosi da 35 dollari? Come potremmo andare avanti senza queste... splendide alghe posizionate sui tavoli? È alla moda... è all'avanguardia... Forse...»

Poi all'improvviso scoppia in lacrime: «È un inutile spreco di soldi! Tu hai ragione SpongeBob... Ma non posso licenziare mia figlia, le spezzerei il suo giovane cuoricino! Che cosa possiamo fare?».
Mister Krabs incarica SpongeBob di risolvere lui la situazione licenziando Perla. SpongeBob è atterrito all'idea di far star male la giovane Perla, ma quando la chiama in cucina...

«Oh, SpongeBob, io non posso più continuare così, non va bene niente di quello che faccio...»
SpongeBob cerca di consolarla: «Ma cosa dici? Guarda tutti quei giovani là fuori che mangiano... insalate!».
Ma Perla esclama: «Perché non vuoi capirmi?
Sto cercando di farmi licenziare fin dal primo giorno, ho sempre finto che questo lavoro mi piacesse per non ferire papà, ma

così sto mandando in rovina la mia vita sociale. Oh, SpongeBob aiutami, che cosa posso fare?».
Allora SpongeBob finge di licenziare Perla, che prima fa finta di essere affranta e poi dà un bel bacio a SpongeBob e se ne va al centro commerciale con gli amici!
Mister Krabs, però, sentendo che sua figlia viene licenziata...

sviene! SpongeBob interviene prontamente e lo rianima con un bigliettone da venti dollari, poi lo convince che sua figlia è felice di fare la sua vita fuori dell'azienda di famiglia...
Mister Krabs, però, ha ancora un atroce, terribile dubbio che lo tormenta: «Come faccio a recuperare i soldi spesi per tutte queste cianfrusaglie?».

Niente paura, ci pensa SpongeBob con una delle sue trovate, diciamo... geniali! Raccoglie tutte le cianfrusaglie e le porta a casa, le mostra orgoglioso a Gary ed esclama: «Gary non trovi che siano oggetti fantastici, amico mio? E pensa, mi sono costati soltanto... un anno di stipendio!»

© 2013 Viacom
MAIL
© 2013 Viacom
© 2013 Viacom
© 2013 Viacom
© 2013 Viacom
© 2013 Viacom
© 2013 Viacom
© 2013 Viacom
© 2013 Viacom
© 2013 Viacom
© 2013 Viacom
© 2013 Viacom
© 2013 Viacom
© 2013 Viacom
© 2013 Viacom
© 2013 Viacom
© 2013 Viacom
© 2013 Viacom
© 2013 Viacom
© 2013 Viacom

MAIL
SECRET RECIPE
FOR A KRABBY PATTY
© 2013 Viacom

KRUSTY KRAB
S M T W TH F S
KK
KRUSTY KRAB
S M T W TH F S
KRUSTY KRAB
S M T W TH F S